聖書の祈り31

主よ、祈りを教えてください

大島 力
川﨑公平

A Meditation on 31 Biblical Prayers

OSHIMA Chikara, KAWASAKI Kouhei

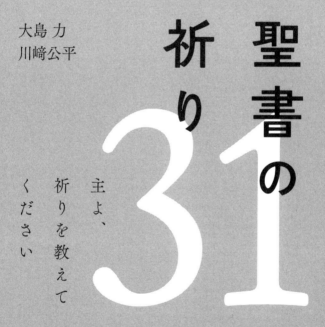

本書の聖書引用は『聖書　聖書協会共同訳』（日本聖書協会）に準拠する。

アートディレクション……………………細山田光宣
デザイン……………………鎌内文／細山田デザイン事務所

はじめに

大島　力

本書には「主よ、祈りを教えてください」という副題がついています。これはイエスが祈っておられるのを見て、弟子たちが願った言葉に由来しています（ルカ11・1）。弟子たちはユダヤ人であり、祈りを知らなかったわけではありません。しかし、イエスが日々祈っておられる姿に、心を動かし、その内容をぜひ知りたいと願ったのです。その弟子たちの求めに応じてイエスは「主の祈り」を教えられました。

一方、旧約聖書の人々も「主よ（神よ）、祈りを教えてください」という願いをもっていたと言えるでしょう。その証拠に詩編には一五〇編の祈りが収録されています。個々の詩編の時代背景は異なりますが、詩編全体が祈りのモデルとしての役割をもっていたことは明らかです。ルカ福音書によればイエス自身が、「私についてモーセの律法と預言者の書と詩編に書いてあることは、必ずすべて実現する」（24・44）と語っていたと伝えられています。イエスと弟子たちにとって、祈りの書である詩編は、律法と預言者の書に並ぶ重要な書物であったのです。

また、内容的にも詩編の詩人たちの祈りの言葉は、福音書のイエスの言葉と響きあっています。詩編139編の詩人は「私の舌に言葉が上《のぼ》る前に　主よ、あなたは何もかも知っておられる」（4節）と述べています。これは「あなたがたの父は、願う前から、あなたがたに必要なものをご存じなのだ」（マタイ6・8）というイエスの言葉に通じています。祈りの原点は、私たちの祈りに先立って、主なる神がすでに私たちの現実を知り尽くしておられるという驚きと、信頼にあります。

では、主なる神がすでに私たちの現実と願いを知ってくださっているのに、なぜ私たちは祈るのでしょうか。それは、私のことを最もよく知っていてくださる神と共にいたいと願うからです。例えば、自分のことを理解してくれる友人とできるだけ話していたいと私たちは願いますが、自分のすべてを心底知っていてくださる神であればなおさらのことです。

主なる神が、すでに私の必要と願い、嘆きと訴えを知っていてくださることを信じるがゆえに、私たちは毎日祈りたくなり、その「祈りの習慣」が私たちの人生の支えとなるのです。使徒パウロが「絶えず祈りなさい」（Ⅰテサロニケ５・17等）と繰り返し勧めているのはそのためです。

本書の書名は『聖書の祈り31』です。

最初に、**聖書の言葉**が記されています。旧約聖書に関しては祈りの言葉、また新約聖書に関しては祈りと祈りについての言葉が掲げられています。聖書は祈りの出発点であり、私たちの祈りに関して多くの示唆を与えてくれています。まずその聖書の言葉の豊かさに耳を傾けたいと思います。できれば実際に音読をしてその内容を味わってください。ある人は「聖書は読まれることだけを望まない。何よりも聞かれることを望む」（M・ブーバー）と言いましたが、このことは旧約聖書のみならず新約聖書に関しても妥当します。

次に本書の執筆者による**黙想の言葉**が記されています。それは聖書に記されている祈りが、どのような文脈に置かれているのか、またその内容が何を意味しているのか、解説した文章です。そこから、「祈りとは、自分の魂を注ぎ出すこと」、あるいは「祈りは〈魂の呼吸〉である」等の言葉が記されています。この黙想は、最初に掲げている聖書箇所と私たちの実際の祈りの生活をつなぐ「橋渡し」を目指しています。そこから、また新たな黙想が生まれ、新たな発見があることを期待しています。

最後に、その黙想の中から**短い祈りの言葉**が記されています。「今、私は苦しんでいます。しかし神よ、苦しみから逃げず、この現実に向き合うとき、あなたは私に近づき、共にいてくださると信じます」（哀歌3章から）、また「主の十字架を仰ぎつつ、私も今、安んじて叫ぶことができます。私を見捨てないでください。あなたは、私の神です」（マルコ福音書15章から）。この最後の祈りの言葉は、読みやすい大きな文字で印刷されています。それはゆっくり本を読めないような中でも、病気で入院し長い文章を読めないようなときでも、本書を用いていただき、祈りの生活を共にしたいとの願いからです。

本書を作成していく過程で私は、宗教改革者のマルティン・ルターが自らの「聖書を読む」人生を顧みてまとめた文章の紹介を読んで、深く納得させられました（徳善義和『マルティン・ルター　ことばに生きた改革者』岩波新書）。

ルターは聖書を読むためには三つのことが必要であると言っています。それは、「祈りをもって読むこと」「黙想して繰り返し読むこと」、そして「試練をもって、試練のただ中で読むこと」ということです。これは三つとも大切なことですが、とりわけ「試練のただ中で読む」ということに強く心を打たれます。考えてみると、本書で取り上げる聖書の世界を生きた人々の祈りは、何らかの試練のただ中で捧げられ、またその祈りによって生かされてきた人々の証言であると言えるでしょう。その豊かな「祈りの生活」に触れ、それを自らのものとし継承していきたいと願っています。

目次

新約聖書の祈り

旧約聖書の祈り

大島　力

1日

気迫に満ちた執り成し

アブラハムは進み出て言った。「あなたは本当に、正しい者を悪い者と共に滅ぼされるのですか。もしかすると、あの町の中には正しい人が五十人いるかもしれません。その中に五十人の正しい人がいても、その町を赦さず、本当に滅ぼされるのでしょうか。正しい者を悪い者と共に殺し、正しい者と悪い者が同じような目に遭うなどということは、決してありえません。全地を裁かれる方が公正な裁きを行わないことなど、決してありえません。」

（創世記18章23〜25節）

1日／創世記18章23～25節

「正しい者を悪い者と共に滅ぼされるのですか」。これは神がソドムの町を、その悪のゆえに滅ぼそうとしているときに、アブラハムが神に執り成しをしている場面です。この祈りは現代においてもそのまま捧げ得る祈りです。近代以降の戦争は、戦闘員のみならず、一般の市民をも殺害するものとなっています。とりわけ現代の戦争は核爆弾等の大量破壊兵器によって、戦闘員・非戦闘員を問わず殺戮《さつりく》するだけでなく、世界全体がその被害を受けることになります。その中で、「正しい者を悪い者と共に滅ぼされるのですか」という問いは私たちにとって切実な祈りです。

アブラハムはその問いを直接、神に投げかけ「そのようなことは決してありえません」と訴えているのです。すると神は、「もしソドムの町の中に五十人の正しい者がいるなら、その者のために、その町全体を赦すことにしよう」（26節）と応えています。そこでアブラハムは問い続け、「もしかすると、五十人の正しい者に五人足りないかもしれません」（28節）と神にさらにせまり、神から「もしそこに四十五人いるとすれば、私は滅ぼしはしない」という言葉を引き出しています。その後も、現実を踏まえて、四十人、三十人、二十人、十人と「正しい者」の数を減らしながらも、アブラハムは粘り強く問い続けました。すると神は「その十人のために、私は滅ぼしはしない」（32節）と約束をしたのです。

このアブラハムによる神への執り成しの祈りは気迫に満ちています。「公正と正義の神」は決して理不尽な裁きをなさらない。少数でも「正しい人」がいるのであれば、神は憐れみの心をもって人間世界を滅ぼすことはない、という信頼と確信をもって神に訴えているのです。

しかし、聖書はより厳しい人間の現実を見つめています。パウロは詩編の言葉を引用して「正しい者はいない。一人もいない」（ローマ3・10）と語っています。このことは時代や民族、また国家の違いを超えて誰にでもあてはまる事実です。それほど現実の人間は、罪と悪の力に捕らえられているのです。日常生活における人間関係に争いが絶えず、また社会の対立は激化し、世界が戦争で分断されている理由はそこにあります。

それではアブラハムの執り成しの祈りは全く無駄であったのでしょうか。そうではありません。イエス・キリストは、争いが絶えず、対立と分断に満ちたこの世界に来られ、最後に十字架に架けられながらも、「父よ、彼らをお赦しください。自分が何をしているのか分からないのです」（ルカ23・34）と語られました。イエス・キリストのこの執り成しの祈りによって、私たちは罪赦され、悔い改めて悪の力と対峙《たいじ》して「公正と正義」の道を歩むように呼びかけられています。

神よ、あなたは公正と正義を
重んじるお方です。
そしてあなたは憐れみに満ちたお方です。
あなたに信頼を置いて
今日も執り成しの祈りを捧げます。

2日

神の民のために、すべてをかけて

モーセは主のもとに戻って言った。「ああ、この民は大きな罪を犯しました。自分のために金の神々を造ったのです。今もし彼らの罪をお赦しくださるのであれば……。しかし、もしそれがかなわないなら、どうぞあなたが書き記された書から私を消し去ってください。」

（出エジプト記32章31〜32節）

モーセが十戒を授かるため一人シナイ山に登っていたとき、麓《ふもと》に留まっていたイスラエルの民は不安の中にありました。そこで民はアロンに「さあ、私たちに先立って進む神々を私たちのために造ってください。私たちをエジプトの地から導き上った人、あのモーセがどうなったのか、分からないからです」（1節）と言ったのです。これまで力強く導いてくれた指導者がいなくなり、今後自分たちがどうなるかわからない不安は、私たちにもよく理解できます。神の民である教会も、その指導者（牧者）を失うことがあります。

そこでアロンは民の要望に応えて、のみで型を彫って「金の子牛」の鋳像を造り、「イスラエルよ、これがあなたの神だ」（4節）と言ってしまいます。これは、明らかに十戒の第二戒「あなたは自分のために彫像を造ってはならない」に違反する行為です。しかもアロンは下山したモーセに問われると、民が身に着けていた金を自分は渡され、「それを火に投げ入れたら、この子牛が出て来たのです」（24節）と、まるで自然に「金の子牛」が出来上がったかのように答えたのです。これは既成事実の正当化に他なりません。

モーセは当然、怒りに燃えてアロンとイスラエルの民を厳しく批判するのですが、それは一方的な断罪ではありませんでした。そこで、モーセはもう一度神のもとに戻って、この祈りの言葉を発したのです。「ああ」とは深い嘆きを含む言葉です。そして、モーセという人間の全存在がかかった願いが続きます。「もし」という語が二回繰り返されます。一回目の「今もし彼らの罪をお赦しくださるのであれば……」は、その可能性が少ないことを示しています。しかし二回目の「もし」はより現実に即した願いです。モーセは厳しい現実と向き合い、神とつばぜり合いをするような祈りを捧げています。

「しかし、もしそれがかなわないなら、どうぞあなたが書き記された書から私を消し去ってください」。これは神の民のためであれば、自分のいのちが失われてよいという意味です。まことに大胆な祈りです。このような祈りに神は必ず応えてくださり、私たちの思い通りではないにしても、いや、思いをはるかに超えた仕方で救いへと導いてくださる。そのような信仰が聖書には脈打っています。事実、イスラエルの民は、このモーセの祈りのゆえに、この後も、荒野の旅を続け、約束の地へとふたたび歩み始めています。

イエス・キリストはゲツセマネの園で、できることなら、この時を過ぎ去らせてくださるようにと祈り、このように言われました。「アッバ、父よ、あなたは何でもおできになります。この杯を私から取りのけてください。しかし、私の望みではなく、御心のままに」（マルコ14・36）。モーセによる神の民のための祈りは、このイエス・キリストの十字架上での死を前にした祈りに連なるものであった、と言えるでしょう。

神の民のためなら、
私のいのちが失われてよい。
このような祈りに
あなたは必ず応えてくださいます。
私の思いを、はるかに超えた仕方で。

3日

主の前に全存在を注ぎ出す

ハンナが主の前で長く祈っているので、エリは彼女の口元を注意深く見ていた。ハンナは心の中で語っていたので、唇は動いていたが、声は聞こえなかった。エリは彼女が酔っているのだと思い、彼女に言った。「いつまで酔っているのか。酔いをさましなさい。」ハンナは答えた。「いいえ、そうではありません、祭司様。私は心に憂いを持った女なのです。ぶどう酒も麦の酒も飲んでおりません。主の前に自分の胸の内を注ぎ出していたのです。」

（サムエル記上1章12～15節）

聖書の神は、唯一の存在であり、天地の創造者としてすべてのものに超越しておられます。しかし同時に、その「大きな神」は、地上に生きている「小さき者」を顧み、心の内から発せられる私たちの祈りに、敏感に耳を傾けてくださる方です。

ここに登場するハンナという女性は、心に深い憂いを抱えた女性でした。夫エルカナにはもう一人の妻ペニナがいて、その間には息子と娘が与えられていました。しかしハンナとの間には子どもができませんでした。そのことで、ペニナは何かとハンナを悩ましていたので、ハンナは泣いて何も食べようとはしませんでした。

しかし、夫エルカナは、当時の家父長制の世の中にあっては、優しい人間であったと言えます。そのように憂いを抱えているハンナのことを思い、「どうして食べないのか。なぜ沈んでいるのか。この私は、あなたにとって十人の息子にもまさるではないか」（8節）と言って励ましていたのです。

確かに、このエルカナの言葉に嘘はなかったと思います。しかし、その言葉でハンナの苦しみはかえって増すばかりでした。「本当のところは誰もわかってくれない」。これが現実のハンナの姿でした。そこで、ハンナは「主の宮」に上って熱心に祈り、神に苦境を訴え、子どもが与えられるように激しく泣きながら祈っていたのです。

そのことを「主の宮」の祭司エリが見ていて、ハンナの唇は動いていたが声が聞こえなかったので、あろうことか酒に酔っているのだと誤解してしまいます。そこで「いつまで酔っているのか。酔いをさましなさい」とエリはハンナに語ります。「ああ、祭司様も私のことをわかってくれない」とハンナは思ったことでしょう。そして即座に答えます。「いいえ、そうではありません、祭司様。私は心に憂いを持った女なのです。ぶどう酒も麦の酒も飲んでおりません。主の前に自分の胸の内を注ぎ出していたのです」。

この「自分の胸の内を注ぎ出す」とは「私の魂を注ぎ出す」ということです。誰からも、また祭司からも理解されないような中で、「自分の胸の内」「自分の魂」を神に注ぎ出すことが祈りです。ですから祈りとは単なる祈願ではありません。その願いを含めて自分の憂いと悲しみをすべて神の前に、つまり「全存在」を神に注ぎ出すことです。そのような祈りに必ず神は応えてくださいます。果たして神はハンナの祈りに応え、子どもを与え、その子は後にサムエルと名付けられ、イスラエルの歴史を大きく動かす指導者として神に用いられました。

あなたが「自分の胸の内を注ぎ出すこと」を神は待っておられ、それを用いて救いの業を進めようとしておられます。

神よ、私にも祈らせてください。
私の願いも憂いも悲しみも
すべてをあなたの前に注ぎ出します。

4日

自分を退け、悔い改めます

ヨブは主に答えた。
私は知りました。／あなたはどのようなこともおできになり
あなたの企てを妨げることはできません。
「知識もないまま主の計画を隠すこの者は誰か。」
そのとおりです。／私は悟っていないことを申し述べました。
私の知らない驚くべきことを。
「聞け、私が語る。／私が尋ねる、あなたは答えよ。」
私は耳であなたのことを聞いていました。
しかし今、私の目はあなたを見ました。
それゆえ、私は自分を退け
塵《ちり》と灰の上で悔い改めます。

（ヨブ記42章1〜6節）

これはヨブ記の最後の章に記されている神とヨブとの会話です。鍵括弧の中は神の言葉であり、それにヨブは答えています。このような対話が祈りであるかどうかについては意見が分かれるところですが、祈りは「神との対話である」とするならば、これは旧約聖書の典型的な祈りの形であると言えるでしょう。

しかも、この部分はヨブが苦難を経験し、その理由を神に執拗《しつよう》に問い続けた末になされた対話です。ヨブは「なぜ、自分がこのような苦難を受けなければならないのか」と問い続けますが、その答えを見出せませんでした。見舞いに来たヨブの友人たちは因果応報の教えで彼を納得させようとしましたが、ヨブはそれにことごとく反論しています。なぜなら、自分が今受けている苦難に相当する罪を犯してはいなかったからです。

ヨブは自分が信じてきた神ご自身に問い、神から答えを聞きたかったのです。その後、神はついに長い沈黙を破り、嵐の中からヨブに答えます。しかし、それは全く意外な言葉でした。「知識もないまま言葉を重ね／主の計画を暗くするこの者は誰か。／あなたは勇者らしく腰に帯を締めよ。／あなたに尋ねる、私に答えてみよ」（38・2～3）。

これまでヨブが神に問いかけてきたのですが、それとは全く逆に、ここでは神がヨブに問いかけています。それも「私が地の基《もとい》を据えたとき／あなたはどこにいたのか」（同4

節)という問いから始まり、ヨブには全く答えられない、天地創造や自然界において神がいかに配慮しておられるかに関わる七〇以上の問いでした。

38章1節から40章2節が神からヨブに対する一回目の問いかけで、40章3節から5節でヨブが答えます。続いて40章6節から41章26節に二回目の問いかけがあり、42章1節から6節でヨブが再び応答しています。

この部分は二回目の対話ですが、ヨブは自分が知らないことの多さに圧倒されます。そしてむしろ、問われるべきは神ではなく、自分自身であることに思い至ります。「なぜ、自分だけが苦しむのか」ではなく、神の前に「塵と灰」に過ぎない自分が「どうこの苦難に対処すべきか」という問いを、ヨブは神から示されたと言えるでしょう。その問いの転換が、人生の苦難と課題を担って生きる道を開くのです。

「なぜ、私だけが苦しむのか」から
「私はこの苦難にどう対処すべきか」へ。
人生の問い方を変えられるように
神よ、私を導いてください。

5日

御心に留められた者として

あなたの指の業である天を
あなたが据えた月と星を仰ぎ見て、思う。
人とは何者なのか、あなたが心に留めるとは。
人の子とは何者なのか、あなたが顧みるとは。
あなたは人間を、神に僅《わず》かに劣る者とされ
栄光と誉れの冠を授け
御手の業を治めさせ
あらゆるものをその足元に置かれた。
羊も牛もことごとく、また野の獣
空の鳥、海の魚
潮路《しおじ》をよぎるものまでも。

（詩編8編4～9節）

何を不思議と感ずるかで、その人の人生は変わってきます。私たちは様々なことに不思議さを感じることがありますが、この詩編の詩人は何よりも、「人間がこの世界に生きていること」それ自体に限りない不思議を感じています。この詩にはその不思議への感覚が息づいています。

夜、戸外に出てこの人は、満天に輝く星、そして月を仰ぎ見ています。それらすべてが神によって創造され、天に配置されたものであることを覚え心揺さぶられているのです。そして、その天の大きさ、宇宙の広大さに圧倒され、人間は何と小さな存在であるか、ということを実感しているのです。

しかし、そのような小さき者が神によって特別な存在として創造され、今生かされている事実そのものに、詩人は最も大きな不思議と驚きを感じ、そして語りかけます。

「人とは何者なのか、あなたが心に留めるとは。
人の子とは何者なのか、あなたが顧みるとは」

この「人とは何者なのか」という言葉は、人間の定義を求める疑問ではなく、大きな驚きを示しています。神が、こんな小さな存在に心を留め、顧みてくださるとは不思議であり、神の恵みによるものとしか言えないということです。

他方、その神から授けられた「栄光と誉れの冠」は決して人間を傲慢《ごうまん》にするものではなく、むしろ神に対してこの自然世界の中で大きな責任を負っているということです。その責任とは、神がこの地上に造られたあらゆる生き物を、さらに言えばその生命を可能にしている自然環境を治めるということです。この詩は自然世界全体を視野におさめた実にスケールの大きな祈りです。

創世記1章にも同じことが述べられています。神は人を、他の動物とは違って、ご自分の「かたち」に創造し、地上のあらゆる生き物を治めよと命じています（1・26〜28）。それは、この詩編の詩人が述べていることと深く通じています。すなわち、「神のかたち」に創造された人間には、この自然環境を「治め」保全するという課題が与えられているのです。

私たちは日々の祈りの中で、自分を含めた人間が生かされている事実に驚き、感謝を捧げます。同時に、神によって造られた地球環境を破壊から守り、次の世代へと引き継いでいくために、何をすべきかを問いかけ、それを実行する力を与えてくださるよう神に願うことを促されています。

神よ、私のような小さな者が
あなたの心に留められていることに、
驚き、感謝します。
私に、なすべきことをなす力を
与えてください。

6日

いつまでですか、主よ

いつまでですか、主よ。／私をとこしえにお忘れになるのですか。
いつまで御顔を隠されるのですか。
いつまで私は魂に思い煩いを／心に悲しみを日々抱き続けるのですか。
いつまで敵は私に対して高ぶるのですか。

わが神、主よ、私を顧み、答えてください。
私の目を光り輝かせてください／死の眠りに就くことのないように。
私が揺らぐのを見て／敵が、勝ったと言わず
私を苦しめる者が喜ぶことのないように。

私はあなたの慈しみに頼り／私の心はあなたの救いに喜び躍ります。
「主に歌おう／主が私に報いてくださった」と。

（詩編13編）

私たちの日常の生活には、大小の悲しみがあります。そのことについて、私たちは「なぜこんなことが起こるのか」あるいは「いつまでこの悲しみは続くのか」と言わざるを得ないことがあります。この「なぜですか」「いつまでですか」という問いは決してなくならない。特に思いもかけない試練や困難にあったとき、私たちは誰しも、そのように嘆かざるを得ないのではないかと思います。

この詩編の詩人も同様です。キーワードが一つあります。それは「いつまで」という言葉です。最初に四回も繰り返されています。2節「いつまでですか、主よ」「いつまで御顔を隠されるのですか」、3節「いつまで私は魂に思い煩いを」「いつまで敵は私に対して高ぶるのですか」。「いつまで」「いつまで」と、この詩人は訴え嘆いています。

そのなかでも、「敵に対する嘆き」をどのように受け止めたらよいでしょうか。「私が揺らぐのを見て／敵が、勝ったと言わず／私を苦しめる者が喜ぶことのないように」とあります。大変強い言葉です。

ある人は、その背景にはこの人の体の病があると言っています。つまり、敵とは、人間のことではなく、自分の体を今、動けないようにしている病のことを比喩的に語っているのだと言います。そうかもしれません。しかしこの敵とは、私たちの人間関係の中で、避けては通れないものです。その人間関係のトラブルの中で、この人は悩んでいるとも言えます。

いずれにしてもここで大切なことは、その自分の嘆きを、つまり自分の思いのたけを余すことなく言葉にし、訴えていることです。そこにこの詩編の迫力があります。そして、このような詩編を読んで、「ああ、自分と同じ思いでいる人間が確実にここにいる」、また「いや、この言葉を発しているのは自分ではないか」と思い至ることが重要です。

「いつまで、このことは続くのか」。誰しも、そう感じることがありますが、そのとき、自分の思いを内側にため込むのではなく、それを注ぎ出してみる。そこに、小さいけれども変化が起きる。つまり、嘆きを神に注ぎ出すことができたときに不思議な変化が起きる。たとえ、その現実がいまだに去っていなくても、そうだと言うのです。

「私はあなたの慈しみに頼り／私の心はあなたの救いに喜び躍ります」。このような神への信頼と喜びの回復が、祈りにおいて起きることを詩編は証ししています。

「いつまでですか、主よ」。
私の内に積もる嘆きも思い煩いも
神よ、あなたに注ぎ出します。
私の内に、小さな変化が生まれると信じて。

7日

砕かれ悔いる心を差し出す

神よ、私を憐れんでください
　あなたの慈しみによって。
深い憐れみによって
　私の背きの罪を拭ってください。
過ちをことごとく洗い去り
私を罪から清めてください。
……
神の求めるいけにえは砕かれた霊。
神よ、砕かれ悔いる心をあなたは侮りません。

（詩編51編3～4、19節）

この詩は「七つの悔い改めの詩編」の一つですが、その中でも最も深いものです。「悔い改め」とは、旧約聖書では「神に立ち帰る」ことであり、そのことにこれほど集中している詩編は他にないと思います。

様々な言葉で、この人は罪から離れ、神に立ち帰ることを願っています。「私の背きの罪を拭ってください」「過ちをことごとく洗ってください」「私を罪から清めてください」。この「拭う」「洗う」「清める」という言葉は、9〜11節にも繰り返されています。「御顔を私の罪から隠し／あらゆる過ちを拭ってください」（11節）とこの人は「罪の赦し」を繰り返し願っています。

罪は非常に具体的なものであり、ちょうど「喉に刺さった小骨」のように私たちの心を日々苦しめます。ですから、「神よ、私のために清い心を造り／私の内に新しい確かな霊を授けてください」（12節）という願いは切実なものです。「清い心を造り」の「造り」とは「創造する」という語です。ですから、創世記の初めに記されている神による天地創造の力をもって、「私のために清い心を創造してください」と願っているのです。

そのために私たちがなし得ることは何でしょうか。宗教的な儀礼や善行、また他の旧約聖書の箇所で述べられている「いけにえ」などによっては何も解決しません。そのようなことではなく、神が求められるのは「砕かれた霊」「砕かれ悔いる心」です。「砕かれ悔いる心」こそ、神が私たちのために「清い心」を創造してくださる場です。祈りとは、そのような「砕かれ悔いる心」を神の前に差し出すことです。

どうしたらその「砕かれ悔いる心」を私たちはいだくことができるでしょうか。それは私たちの悔い改めに先立つ「神の恵み」に気が付くことです。この詩編の祈りは「神の憐れみ」「神の慈しみ」を願うことから始まっています。悔い改めは、自分の罪を嘆くことから始まるのではなく、神さまの大きな、そして深い恵みを願い、それに触れることから始まります。

イエス・キリストが語られた「いなくなった息子のたとえ」（ルカ15・11〜21）においても、その息子が父のもとに帰り、心から罪を告白できたのは、「まだ遠く離れていたのに、父親は息子を見つけて、憐れに思い、走り寄って首を抱き、接吻《せっぷん》した」その深い憐れみのゆえでした。何よりもまず、この詩人のように「神よ、私を憐れんでください／あなたの慈しみによって」と祈り始めましょう。

7日／詩編51編3～4、19節

神よ、あなたの大きく深い恵みに
もう一度、気付かせてください。
そして私を
あなたに立ち帰らせてください。

8日

一日一日を大切に生きる知恵を

あなたの怒りの力を誰が知りえよう。
あなたを畏れるほどに／その激しい怒りを知っていようか。
残りの日々を数えるすべを教え
知恵ある心を私たちに与えてください。
主よ、帰って来てください。いつまでなのですか。
あなたの僕《しもべ》らを憐れんでください。
朝には、あなたの慈しみに満たされ
すべての日々を楽しみ、喜ぶことができますように。
あなたが私たちを苦しめた日々と
私たちが災いを見た歳月に応じて
私たちを喜ばせてください。

（詩編90編11〜15節）

私たちの生きられる年月は限られています。「私たちのよわいは七十年／健やかであっても八十年。／誇れるものは労苦と災い。／瞬く間に時は過ぎ去り、私たちは飛び去る」（10節）とも、この詩編には記されています。平均寿命が五十歳前後の時代のことです。

しかし、これはただ人生の儚《はかな》さのことではありません。むしろ、人間の罪への神の怒りが、結果として死をもたらすと旧約聖書の人々は考えていたのです（9節「私たちの日々はあなたの激しい怒りに／ことごとく過ぎ去り／私たちは吐息のように年月を終える」）。この祈りの言葉が、最初に「神の怒り」に繰り返し言及しているのはそのためです。

しかし、そのような中から「残りの日々を数えるすべを教え／知恵ある心を私たちに与えてください」との願いが語り出されている。これは、これから先、自分は何年生きられるかを数えなさいと言っているのではありません。そうではなく、私たちの人生が限られたものであるからこそ、神に罪の赦しを願い、恵みのもとに、一日一日をかけがえのない時として生きる知恵を与えてくださいと願っているのです。

そのためには、私たちは「主よ、帰って来てください」と祈り、主なる神が私たちの日々の歩みに伴ってくださることを願わざるを得ないのです。ですから、この祈りはとりわけ一日を終える夕方に捧げられる祈りであると言えるでしょう。

詩編30編には「主の怒りは一時《ひととき》。／しかし、生涯は御旨の内にある。／夕べは涙のうちに過ごしても／朝には喜びの歌がある」（6節）という確かな約束が記されています。私たちはそのことを信じて、自分の人生の日々を数えながら、「あなたの僕らを憐れんでください。／朝には、あなたの慈しみに満たされ／すべての日々を楽しみ、喜ぶことができますように。／あなたが私たちを苦しめた日々と／私たちが災いを見た歳月に応じて／私たちを喜ばせてください」と祈ることが許されているのです。神は夕べの涙を、朝の喜びの歌に変えてくださる方です。

8日／詩編90編11～15節

人生が限られたものであるからこそ、
神よ、あなたに祈り求めます。
罪の赦しと、
一日一日をかけがえのない時として
生きるための知恵を。

9日

あなたの言葉は私の足の灯

あなたの言葉は私の足の灯《ともしび》
私の道の光。
私は誓いを立て、それを果たしました。
あなたの正しい裁きを守るためです。
私はひどく苦しんできました。
主よ、あなたの言葉どおりに私を生かしてください。

（詩編119編105〜107節）

この詩は合計一七六節に及ぶ、旧約聖書で最も長い祈りです。しかも、各段落の最初の文字がヘブライ語のアルファベットの順番に並んでいて、この105節から始まる部分は英語で言えばNにあたる文字が語頭にある単語で始まる八つの節からなっています。これほど長く、また技巧に富んだ詩文は旧約聖書の他の箇所にはありません。

しかし、この119編を綴《つづ》った詩人は、ただ頭だけでこの文章を書き記したのではありません。そうではなく、「私はひどく苦しんできました」とあるように苦難の中からこの祈りを絞り出すように詩文として綴ったのです。その苦難がどのようなものであったのかはわかりません。ただ、この人はひどい困難に遭遇し、それを祈りの言葉として言い表さずにはおれなかったのです。それが一七六節に及んだことは、その苦難が重く、長期間に亘《わた》ったことを示しているのではないかと思います。

ただ、ここに挙げた最初の一節は非常に貴重なもので、この言葉によってこれまで、どれだけ多くの人々が人生の支えを与えられてきたかわかりません。それだけイメージ豊かな、人の心に届く力ある詩です。「あなたの言葉は私の足の灯／私の道の光」。「あなたの言葉」とは「神の御言葉」のことです。そして、それは私たちが人生の日々を歩んでいく足もとを照らしてくれる「足の灯」です。また、私たちがどの道に進むべきかを指し示す

「道の光」です。そのようにこの詩人は苦しみの中で祈り、また告白しています。

この人生を支え導く「光」は、サーチライトのように私たちの行く方向を遠くまで照らし出してくれるものではありません。そのことを願っても叶わないのです。

そうではなく、今日一日、あるいはこの一週間、次の一歩をどの方向に進めたらよいのかを示してくれる光です。そして私たちにはそれで十分であり、その光さえあれば暗い中でも一歩一歩、信仰者としての道を希望と喜びをもって歩んで行くことができる。そのような約束がこの詩編にはあります。行く先が不透明で何が起こるかわからない世界に歩んでいる私たちにとって、なくてならぬ祈りの言葉がここにあります。

確かに、この世界から闇がすべて消え去ることはないでしょう。また、私たちの人生の行き先が何の曇りもなく示されることもありません。そのような人生観はむしろ幻想であると言わざるを得ない。しかし、どんなに闇が濃くとも、私たちが次の一歩をどう進めたらよいかを照らしてくれる光は必ず与えられる。それが「あなたの言葉」、すなわち聖書に記されている神の御言葉なのです。

世界も私たちの人生も、
闇に包まれています。
しかし神よ、あなたの御言葉が
私たちの次の一歩を照らしてくださいます。

10日

だから安心して行きなさい

私は山々に向かって目を上げる。
私の助けはどこから来るのか。
私の助けは主のもとから
天と地を造られた方のもとから。
……
主はあらゆる災いからあなたを守り
あなたの魂を守ってくださる。
主はあなたの行くのも帰るのも守ってくださる。
今より、とこしえに。

（詩編121編1〜2、7〜8節）

この詩人は都の神殿まで巡礼の旅を続け、これから自分の故郷に帰ろうとしています。すると、これまで越えて来た山々が再び眼前に見えたのです。「ああ、またあの山々を越えて帰って行かなければならないのか」とため息をついている。そのような情景が心に浮かんできます。しかし、詩人は次のように語ります。

「私は山々に向かって目を上げる。／私の助けはどこから来るのか。
私の助けは主のもとから／天と地を造られた方のもとから」

ここでまず注目すべきは、私の助けは、今、見上げている「山々」から直接来ることはないと言っていることです。いわんやその「高い山々」に神が宿るという、日本によくある山岳信仰に陥るのでもありません。そうではなく、私の助けは、この「山々」を遥《はる》かに超えた天地創造の神、主のもとから来るのだという壮大なスケールの信仰が、ここで告白されているのです。

またこの詩人にとって「山々」とは、これから越えて行かなければならない「高い山々」のことであるとともに、自分の生活の場に戻ると取り組まざるを得ない多くの課題を示唆しています。そこで思わず「私の助け」はどこから来るのかと問いかけます。そしておそらくは一呼吸おいてこう言っているのです。「そうだ、自分は確かに、これからあの山々を登って再び故郷に帰って行かなければならないが、天地を創造された神は、人間の思いを超えた絶大な力をもっておられる。自分の助けは必ずその神から来るはずだ」と。これが「天と地を造られた」神への信仰です。

その信仰に応えて、この詩の3節以降には「神の見守り」ということが示されています。「守る」という言葉が六回も繰り返されています。「あなたを守る方がまどろむことがないように」（3節）、「主はあらゆる災いからあなたを守り／あなたの魂を守ってくださる」。

この約束は確かなものです。あなたに今、これはなかなか越えることができないと思っている問題・課題があり、それがたとえ山々のように「山積」していても、その山を登ろうとするあなたを神は見守り、助けてくださる。だから安心して行きなさいと語られているのです。ですから、私たちは神に「私の助けはあなたのもとから、天と地を造られた方、あなたから来ます」と大胆に祈ることができます。

10日／詩編121編1～2、7～8節

私にも越えて行かねばならない
「山々」があります。
神よ、天と地を創造なさったあなたが、
私を見守り助けてくださると信じ、祈ります。

11日

涙と共に種を蒔く人は

主は、私たちに大きな業を成し遂げてくださった。
私たちは喜んだ。
主よ、ネゲブに川が流れるように
私たちの繁栄を再びもたらしてください。
涙と共に種を蒔《ま》く人は
喜びの歌と共に刈り入れる。
種の袋を背負い、泣きながら出て行く人も
穂の束を背負い、喜びの歌と共に帰って来る。

（詩編126編3〜6節）

詩編は嘆きから賛美へと移っていく動きの中にあります。嘆きを神に訴えつつ、不思議にも神を賛美するに至る。そのような動きこそが詩編の魅力の一つです。

この詩は、社会が崩壊し繁栄が失われてしまった中で、神がもう一度繁栄を回復してくださったという恵みの事実から出発しています。「大きな業」とはシオン（エルサレムの都）の回復のことです。おそらく、この詩はバビロン捕囚という古代イスラエル最大の危機をやっと乗り越えた時期に歌われたものであると考えられます。「主がシオンの繁栄を再びもたらされたとき／私たちは夢を見ている人のようになった」（1節）と詩の冒頭に記されています。

しかし、その回復はいまだ、途上にありました。一度失われたものを回復するためには多くの努力と忍耐が必要です。その只中《ただなか》に人々は置かれていたのです。それゆえ、主がなしてくださったことを「私たちは喜んだ」と述べつつも、同時に「主よ、ネゲブに川が流れるように／私たちの繁栄を再びもたらしてください」と願い、訴えています。

「ネゲブ」とは「南の川」という意味で、現在のパレスチナ南部の砂漠地帯のことです。そこには川はないのです。乾燥地帯が広がっているだけです。しかし、そのカラカラに乾いた地域にも、雨季になると雨が降り、一時期そこに川が現れ、水が流れる。そのことをこの詩は取り上げ、渇き切った自分たちにも潤いと豊かさを再びもたらしてくださるように祈っています。

その祈りのすえに、この詩人はすばらしい言葉を紡ぎ出しています。

「涙と共に種を蒔く人は／喜びの歌と共に刈り入れる。／種の袋を背負い、泣きながら出て行く人も／穂の束を背負い、喜びの歌と共に帰って来る」

聖書時代の農作業のことを考えると、この言葉がよくわかります。乾いた土地を耕し、水を引き、種を蒔くことには多くの労苦が必要です。また、そうして蒔いた種もすべてが実をならすわけではありません（イエスの「種蒔きのたとえ」！）。しかし、この詩人は言います。涙と共に種を蒔く人は、また、種の袋を背負い泣きながら出て行く人も、必ず喜びの歌と共に刈り入れることができる、だから私たちは希望をもって種を蒔こうではないか、と。

この祈り手の言葉に励まされて、私たちもまた自分の人生に、心渇くこの時代に、信仰による「希望の種」を蒔き続けたいと思います。

11日／詩編126編3～6節

嘆きから賛美へ。
あなたの導きを信じ、
私は希望をもって種を蒔き続けます。

12日

あなたは私を知っておられる

主よ、あなたは私を調べ
私を知っておられる。
あなたは座るのも立つのも知り
遠くから私の思いを理解される。
旅するのも休むのもあなたは見通し
私の道を知り尽くしておられる。
私の舌に言葉が上る前に
主よ、あなたは何もかも知っておられる。
……
神よ、私を調べ、私の心を知ってください。
私を試し、悩みを知ってください。

（詩編139編1～4、23節）

私たちは普通、自分のことは自分が一番よく知っていると思っています。しかし果たしてそうでしょうか。この詩人は自分のことを最も深く知っていてくださるのは神であると、言葉を尽くして語っています。

最初の1～4節を見るだけでもわかります。「主よ、あなたは私を調べ」「知り」「理解し」「見通し」「知り尽くして」おられる。そして「主よ、あなたは何もかも知っておられる」となっています。また、23節では「神よ、私を調べ、私の心を知ってください。／私を試し、悩みを知ってください」と願っています。この詩人が、神が自分のことを知ってくださるということを、いかに大切にしているかがわかります。

しかも、その「知る」とは、単に知識として知る、あるいは部分的に知るということではなく、日常生活における自分の全人格を神は知っておられるということです。2～3節に「座るのも立つのも知り」「旅するのも休むのもあなたは見通し」とあります。これは人間の日常生活、つまりその人の生活全体あるいはこれまでの人生の歩みすべてを神は知っておられるということです。

そしてさらに重要なことが23節に記されています。神は私の「心」を知っておられる、あるいは知ってくださいと願っています。この「心」とは文字通りには「心臓」という言葉です。旧約聖書の人々は、ものごとの重大な決断は、他の人には見えない、その人の「心（＝心臓）」でなされると考えていました。しかし、その私の「心臓」の鼓動と痛みを、つまり「心」の悩みを神は知っていてくださる。これが、聖書が語る信仰ということです。つまり信仰とは、どれだけ自分が神を「知っているか」ではなく、どれだけ自分が神によって「知られているか」であり、その神に知られているということを、受け入れるのが信仰の中心です。

また私たちの現実生活での「悩み」の一つは、自分が周りから誤解を受けている、つまり正しく私は知られていないということです。19～22節に「悪しき者」「たくらみ」「憎む者」という表現がありますが、そのような人々の只中にこの人は置かれています。その中から、「神さま、あなただけは私の心を知り、悩みを知っていてください」と願っているのです。それは、この詩の最初の「私のことをすべて知っていてくださる」という神への全幅の信頼から来るものです。

様々な悩みの中で私たちは、神がそのことをよく知っていてくださるので、自分の願いと訴えを臆せず、神に申し述べることができるのです。

12日／詩編139編1～4、23節

神よ、あなただけは
私のすべてを知っていてくださる。
私は、あなたによって知られている。
それが私の救いです。

13日

私が願う二つのこと

私は二つのことをあなたに願います。
私が死ぬまで、それらを拒まないでください。
空しいものや偽りの言葉を私から遠ざけ
貧しくもせず、富ませもせず
私にふさわしい食物で私を養ってください。
私が満ち足り、あなたを否んで
「主とは何者か」と言わないために。
貧しさのゆえに盗み、神の名を汚《けが》さないために。

（箴言30章7〜9節）

私たちの人生にとって必要なものは何でしょうか。従来から言われてきていることは、衣食住、つまり、衣服、食事、住居です。しかし、最近ではその衣食住に加えて、「争」の問題も重要だと言われています。つまり、他のことに問題がなくても、身近な人との間に、また様々な人間関係に「争いごと」を抱えていると、生きているのが辛く、心が平安でなくなります。そのことが私たちを苦しめます。

このように必要なことを数え始めると限りなく出てくるような時代に、私たちは生きています。その中で、この箴言《しんげん》に記されている祈りは、何と素朴で、現実的に響くことでしょう。この祈りの言葉には、信仰に基づく深い知恵が示されています。私たちの人生にとって必要ことは、実に二つだけなのです。

「空しいものや偽りの言葉を私から遠ざけ」てください。空しさに捕らわれると、それを埋めようとして私たちは誤りを犯します。偽りの言葉は私たちを悪へと誘惑します。ですから、イエス・キリストも「私たちを試みに遭わせず／悪からお救いください」（マタイ6・13）と祈るように教えてくださったのです。

二つ目も同様です。「貧しくもせず、富ませもせず／私にふさわしい食物で私を養ってください」。私たちは豊かになるとそれで満足してしまい、神のことや信仰のことを考えなくなります。また、祈ることもなくなります。私たちは「神と富」に兼ね仕えることはできません。

一方、貧しくなると盗みをし、神さまの名を汚してしまう弱さを、誰しも確かに持っています。貧しさから、私たちが神の御旨に反することをしてしまうこともあります。ですから、日々、「私にふさわしい食物で私を養ってください」と祈らざるを得ないのです。イエス・キリストも弟子たちに「私たちに日ごとの糧を今日お与えください」（マタイ6・11）と祈るように教えられました。

また、パウロは「貧しく暮らすすべも、豊かに暮らすすべも知っています」（フィリピ4・12）と述べています。その背後には、この箴言の祈りの精神が息づいていると言えるでしょう。どのような境遇にあっても「私にふさわしい食物で私を養ってください」と神に祈ることが必要なのです。

13日／箴言30章7～9節

私たちの人生に必要なことは
実に二つだけです。
神よ、
私を空しさと偽りから遠ざけ、
ふさわしい食物で養ってください。

14日

あなたは、どこにおられるのですか

天から見下ろし
聖なる美しいお住まいから御覧ください。
あなたの熱情と力強い御業はどこにあるのですか。
あなたのたぎる思いと憐れみは
　抑えられていて、私には届きません。
……
主よ、あなたは私たちの父です。
「私たちの贖い主」がいにしえからあなたの名です。

（イザヤ書63章15〜16節）

「神さま、あなたは私を助けてくださらないのですか」「神よ、あなたは一体どこにいるのですか」。このような嘆きの中に私たちは置かれることがあります。神を何とか見出そうとするのです。しかし現実は厳しく、自分の力で事態を乗り越えようとして、心を暗くすることがあります。そしてまた「助けてください」と心の中では願っている。そのような言葉にならない心の揺れを私たちは経験します。

このイザヤ書の祈りを書き記した人もそうでした。国が敗れて五〇年余、捕囚の地から故郷に帰還したものの、荒れ果てた都エルサレムの復興が進まず、焦る気持ちと不安の只中にありました。そのときに思い起こしたのはモーセのことでした。「その時、主の民は思い出した／昔の日々を、主の僕モーセを。／どこにおられるのか／羊の群れを飼う者と共に／彼らを海から連れ出した方は。／どこにおられるのか／彼の上に聖なる霊を置いた方は」（11節）。出エジプトの指導者モーセのことを思い、そのモーセに勇気と力を与えて、エジプト脱出を成し遂げさせた神ご自身は今、「どこにおられるのですか」と二回も繰り返しています。

そして三回目には、直接、神に訴えかけています。「あなたの熱情と力強い御業はどこにあるのですか。／あなたのたぎる思いと憐れみは／抑えられていて、私には届きません」。

この三回目の「どこにあるのですか」という訴えは、確かに深い嘆きの中から発せられたものですが、はからずも思いを超えた聖書の神の姿を、私たちに開示しています。つまりこの祈り手は、神に嘆き訴えることにおいて、私たちに生ける神を証ししていると言えるでしょう。「あなたのたぎる思い」とは、「私に対する、あなたのはらわたの興奮（痛み）」という原文の訳です。また、「憐れみ」とは、本来「子宮」を意味する言葉で「産みの苦しみ」と深くつながっています。

神は、確かに天におられるのですが、しかし、地上に生きる私たちが悩み苦しむときに、私たちのところまで低く降り、「たぎる思い」（はらわたの痛み）と「憐れみ」（子を産む苦しみ）をもって臨んでくださる。そのことが、この祈りには言い表されています。

神は、「たぎる思い」と「憐れみ」をもって、私たちの嘆きと苦しみの中に、身を沈めるように近づいて来てくださる方です。私たちは、その神に「天を裂いて降りて来てください」と祈ることができます（19節）。

14日／イザヤ書63章15〜16節

「あなたはどこにおられるのですか」
神に向けて嘆き訴える日々があります。
でもその嘆きを通しても、
私は、生けるあなたを証ししているのですね。

15日

主の慈しみは絶えることがない

私は言った。
「私の栄光は消えうせた／主から受けた希望もまた。」
私の苦難と放浪を／苦よもぎと毒草を思い起こしてください。
思い出す度《たび》に私の魂は沈む。
しかし、そのことを心に思い返そう。
それゆえ、私は待ち望む。

主の慈しみは絶えることがない。／その憐れみは尽きることがない。
それは朝ごとに新しい。
あなたの真実は尽きることがない。

（哀歌3章18～23節）

哀歌は5章しかない短い文書ですが、人間が経験する悲しみ、苦しみ、あるいは嘆きということを考えるときに、最も重要な書物の一つです。この哀歌の背景には、古代イスラエルにとって最大の危機であったバビロン捕囚の現実があります。エルサレムの町は、大国バビロニアに滅ぼされ、荒廃し、食料にも事欠く状況にありました。

この3章冒頭には「私は主の怒りの杖で苦しみを受けた者。／主は私を駆り立て／光ではなく闇の中を歩かせた」とあり、この哀歌の著者（詩人）がエルサレムの町の荒廃を我が事として受け止めていることがわかります。18節の「私の栄光は消えうせた／主から受けた希望もまた」という言葉はそれを受けたものです。いかんともしがたい絶望の淵にこの人は立たされているのです。

しかし、その人が22節では「主の慈しみは絶えることがない。／その憐れみは尽きることがない」と述べています。この節は、深い悲しみと嘆きに満ちた哀歌の中でほとんど唯一、希望を感じさせる箇所です。この哀歌を綴った詩人に一体何が起こったのでしょうか。なぜこの人は、絶望から「主の慈しみ」を述べるに至ったのでしょうか。

その一つは、これまでの苦しい現実から逃避するのではなく、それを「思い出す」ということでした。そのことを神に願い、自分もまたその苦しさを想起することで現実と向き合ったのです。「思い出す度に私の魂は沈む。／しかし、そのことを心に思い返そう。／それゆえ、私は待ち望む」と、詩人は絶望に呑み込まれる瀬戸際で踏みとどまっていると言うことができます。

しかし、苦しさを思い出し、それと向き合うだけでは「待ち望む」姿勢は出てきません。実は、この「思い出す度に私の魂は沈む」の「私の」は、元来「あなたの」（＝神の）と読まれていたことがわかっています（旧約学者・左近淑《さこんきよし》）。ですからここは「思い出す度に、あなたの魂は私の上に沈む」と訳せます。つまり「苦難と放浪」を思い出す度に、神は身を沈めて私に近づいてきてくださるのです。それゆえ、神を待ち望み、その慈しみは「朝ごとに新しい」「あなたの真実は尽きることがない」と信じることができます。

私たちが苦難の中から祈るとき、天におられる神ご自身が、地上で呻吟《しんぎん》する私たちの魂の底にまで身を沈め、私たちと共にいてくださるのです。

今、私は苦しんでいます。
しかし神よ、苦しみから逃げず、
この現実に向き合うとき、
あなたは私に近づき、
共にいてくださると信じます。

16日

中間地帯で捧げる祈り

大水が私を取り囲んで喉にまで達する。
深淵は私の周りで逆巻き
水草は私の頭に絡みつく。
私は山々の基、地の底に沈み
地の扉に長く閉じ込められた。
しかし、わが神、主よ
あなたは命を
　滅びの穴から引き上げてくださった。
命が衰えようとするとき／私は主を思い起こした。
私の祈りはあなたに届き
あなたの聖なる宮に達した。

（ヨナ書2章6〜8節）

ヨナの物語は、旧約聖書の中でも関心の高いものです。ヨナは神から、外国の大いなる都ニネベに行って、その悪のゆえに都が滅びることを告げるように言われます。しかし、ヨナは逃亡し、タルシシュへ向かう船に乗り込みます。そこで大嵐に遭遇し、結果として海に投げ込まれてしまうのですが、巨大な魚に呑み込まれ九死に一生を得ます。その魚の腹の中で祈った言葉が、第2章に記されています。

この祈りには嘆きの言葉が多く記されていますが、冒頭に「苦難の中から私が主に呼びかけると／主は答えてくださった。／陰府《よみ》の底から主に叫ぶと／私の声を聞いてくださった」（3節）とあるので、神がそれに答えてくださったとわかります。そして最後は感謝の言葉で終わっています。

ただ、疑問が一つ残されています。それは、この祈りは巨大な魚の腹の中で捧げられていることです。そこはまだ暗闇のはずです。ヨナにとって問題は依然として解決していません。にもかかわらず、なぜ、この祈りは感謝の言葉で終わっているのでしょうか。そこがこの祈りの重要なところです。

ヨナは海の中に放り込まれました。その海は、脅威と死を意味しています。「深淵は私の周りで逆巻き／水草は私の頭に絡みつく」と言われています。そのようなヨナにとって救いとは、乾いた陸地にたどり着くことですが、そのことはまだ実現していません。つまり、ヨナは「脅威の海」と「安全な陸地」との中間地帯に置かれているのです。しかし、そこが私たちにとっての祈りの場なのです。

最大の脅威から今は守られているが、それはまだ完全な救いではない。日々の現実の多くはその中間地帯にあります。その中で、私たちは神に祈ることを求められている。いまだ続く試練と苦難の只中で、つまり「巨大な魚の腹」の中で、私たちは神に苦境を訴え、決してあきらめず、必ず「安全な陸地」に神が導いてくださることを信じて、希望を持って祈るのです。その祈りを神は聞き届けてくださいます。

16日／ヨナ書2章6〜8節

問題は、依然として解決していません。
にもかかわらず、神よ、
私はあなたに信頼し
希望をもって祈り続けます。

新約聖書の祈り

川﨑公平

17日

私たちにも祈りを教えてください

イエスはある所で祈っておられた。祈りが終わると、弟子の一人がイエスに、「主よ、ヨハネが弟子たちに教えたように、私たちにも祈りを教えてください」と言った。そこで、イエスは言われた。「祈るときには、こう言いなさい。

『父よ……』」

（ルカによる福音書11章1～2節）

主イエス・キリストは、いつも祈っておられました。その祈りの姿は、弟子たちの心を深く捕らえるものがありました。それである日、弟子のひとりが、主が祈り終えるのを待ち構えていたかのように言いました。「私たちにも祈りを教えてください」。まさにここに、私たちすべての者の願いがあるのです。

主イエスというお方は、弟子たちにとって、あらゆる点で驚きの対象でした。他の誰も真似できないようなみわざをなさり、恵みの言葉を語られ、だからこそ弟子たちはこのお方に従ってきたのです。しかし私はこう思うのです。何にもまして弟子たちを驚かせたのは、主の祈る姿であったのだと。「いったい何だろう、このお方の祈りは。私たちは、このように祈ったことがあっただろうか」。

考えてみれば不思議なことです。少なくともここに登場する弟子たちはユダヤ人です。たとえばこの書物の前半に紹介されているような旧約聖書の祈りを、その豊かさを知っていたはずなのです。けれども、どうもこのお方の祈りは何かが違う。決定的に違う。そう考えざるを得なかったのです。

そこで主が教えてくださったのが、「父よ」という呼びかけから始まる祈りの言葉でした。〈主の祈り〉と呼ばれます。そのひと言目が既に、弟子たちを仰天させたかもしれません。主は別のところでは、「アッバ、父よ」とも祈られました。子どもが父を呼ぶように、「お父さん、お父さん」と。そんな祈りをしたのは、主イエスが初めてでした。まさしくこの方こそ、神のひとり子であったのです。

しかも主イエスは、ご自分の祈りを惜しむことなく私たちに教えてくださいます。「私と同じように祈ってごらん」「あなたも私のように、神の子として祈ることができるんだよ」。そう言われるのです。

「私たちにも祈りを教えてください」。この弟子の求めは、「主よ、あなたのようになりたいのです」という、ひそかなあこがれでもあったと思います。そして事実、私たちも祈りにおいて、神に愛された神の子として立つことができるのです。

悩みの尽きない私たちの生活です。けれども私たちは神に愛された神の子です。私たちの重荷も、悲しみも、父なる神は全部ご存じで、その神の大きな親心の中に、私たちは自分の幼子の心を置くのです。そのために今も主イエスは、「父よ」という祈りを私たちのために教えてくださるのです。

主よ、私にも祈りを教えてください。
私もあなたのように、
神に愛された神の子として立ちたいのです。

18日

偽善者のように祈ってはならない

「また、祈るときは、偽善者のようであってはならない。彼らは、人に見てもらおうと、会堂や大通りの角に立って祈ることを好む。よく言っておく。彼らはその報いをすでに受けている。あなたが祈るときは、奥の部屋に入って戸を閉め、隠れた所におられるあなたの父に祈りなさい。そうすれば、隠れたことを見ておられる父が、あなたに報いてくださる。

祈るときは、異邦人のようにくどくどと述べてはならない。彼らは言葉数が多ければ、聞き入れられると思っている。彼らのまねをしてはならない。あなたがたの父は、願う前から、あなたがたに必要なものをご存じなのだ。」

（マタイによる福音書 6章5～8節）

祈りは〈魂の呼吸〉であると言われます。決して難しいことではありません。小さな子どもでもできます。ひと言「神さま」と呼べばよいのです。けれどもこれはまさしく〈呼吸〉ですから、時々思い出したようにやってもだめです。

この場合の祈りとは、「毎日三回祈ります」「朝昼晩、五分ずつ祈ります」ということではありません。私自身の生活の実感ですが、私は道を歩いていても、台所に立っていても、いつも祈っています。無意識のうちにでも、神に生かされていることを喜んでいる自分の心に、ふと気づかされます。

主が教えてくださった通り、くどくどと立派な祈りをする必要はありません。「神さま、神さま」。しかし、そのひと言が言えるか言えないかで、その人の人生の色合いが大きく違ってくるかもしれません。

祈りは魂の呼吸だと申しましたが、その呼吸が乱れてくる危険を、主イエスはよく見抜いておられました。その典型的な場面が、「偽善者のように、人に見てもらおうと祈る」ことだと言われます。確かに、人前で祈りをさせられてどぎまぎした経験を、多くの人が知っているのです。

それにしても「偽善者」とはきつい表現ですが、原文では「演技をする人」という意味の言葉です。当時の演劇は仮面をかぶって演じたそうです。そういう仮面役者を指す言葉が、のちに「偽善者」という意味をも持つようになりました。痛いほどにわかります。私たちも仮面をかぶって生きているからです。ここに、人間のみじめさがあるのではないでしょうか。

なぜ人は仮面をかぶるのでしょうか。ある人は、「仮面の下にいる人間は、ひとりぼっちだ」と言いました。一所懸命自分の本性を隠しながら、それでいて人の評価を気にしながら、その寂しさに耐えられないから、人前で立派な祈りをしたり、人に親切にしながらそれを吹聴《ふいちょう》したり（2節）するのです。

その偽善者が、神に愛され、招かれているのです。「仮面の下から出ておいで。私とふたりで話そう」。そのために隠れた場所に入ります（6節）。まさにそこで私たちは神に出会います。「あなたがたの父は、願う前から、あなたがたに必要なものをご存じなのだ」。そうであるなら、「神さま」とひと言呼んだら、それ以上何も言う必要はありません。ここに人間の幸せは極まるのです。

18日／マタイによる福音書6章5～8節

私が祈る前から、あなたはすべてをご存じです。
神さま。神さま、ありがとうございます。

19日

あなたの御名が聖とされますように

だから、こう祈りなさい。
「天におられる私たちの父よ
御名が聖とされますように。
御国が来ますように。
御心が行われますように
天におけるように地の上にも。
私たちに日ごとの糧を今日お与えください。
私たちの負い目をお赦しください
私たちも自分に負い目のある人を赦しましたように。
私たちを試みに遭わせず
悪からお救いください。」

（マタイによる福音書6章9〜13節）

昨日の黙想で「祈りは魂の呼吸である」と書きました。私たちが一日二四時間呼吸するのを止めないように、祈りも一日二四時間、止めてはならないのです。「むちゃを言うな」と思われるでしょうか。

大学生のときに声楽を習ったことがありました。最初のレッスンでかなり厳しいことを先生に言われました。あなたは歌もだめだが、根本的に呼吸がなってない。そのためにしゃべり方も立ち方も座り方も、とにかくあなたの全部がまずい。……さすがにこたえました。けれどもその先生はそうやって私の体全体を変えてくれました。私が新しく息をすることができるように。

「あなたの御名が、あなたの御国が、あなたの御心が」。主が教えてくださった〈主の祈り〉は、時々思い出したように口先だけで祈ってもだめです。息をするように、いつもこの祈りが私を生かすのです。そしてそのために、正しい呼吸法を主イエスから教わらなければなりません。それどころか、私の存在全体を新しくしていただかなければなりません。歌も祈りも、自己流ではだめです。

二四時間ずっと祈っているなんてむちゃだ。常識的にそう考える私たちが、しかし実は毎日二四時間、それこそ息をするように願っていることは、「私の名声が、私の縄張りが、私の願いが」。だがしかし、まさにここに私たちの根本的なみじめさがあるのではないでしょうか。〈主の祈り〉は、そういう人間の悲惨を癒やすための、いのちの呼吸法なのです。

この祈りを教えてくださった主イエスを、人びとは十字架につけて殺しました。なぜでしょうか。このお方を見て、すぐに気づいたのです。「この男は、私の名誉ではなく、私の支配ではなく、神の栄光と支配の実現のために現れたのだ。私の幸せを邪魔する神なんか、殺してしまえ」。幼子イエスを殺そうとしたヘロデ大王などは、その点で誰よりも敏感だったのでしょう。誰が何と言おうと他国への侵略をやめない独裁者のことを考えてもよいかもしれません。けれどもそれは結局、私自身のことだと気づくべきです。

父なる神は、十字架につけられたキリストを死者の中から復活させられました。神の御心が、人間のわがままに勝利したのです。しかもその神が、私の父でいてくださるのです。その神の栄光の前にひれ伏すように、私たちは祈ります。

祈るときにこそ、いちばん罪深くなる私です。
どうか、助けてください。
あなたの御名のために祈らせてください。
私の名誉のためではなく。

20日

落胆せずに祈るために

イエスは、絶えず祈るべきであり、落胆してはならないことを教えるために、弟子たちにたとえを話された。「ある町に、神を畏れず人を人とも思わない裁判官がいた。その町に一人のやもめがいて、この裁判官のところに来ては、『相手を裁いて、私を守ってください』と言っていた。裁判官は、しばらくの間は取り合おうとしなかったが、後になって考えた。『自分は神など畏れないし、人を人とも思わないが、あのやもめは、面倒でかなわないから、裁判をしてやろう。でないと、ひっきりなしにやって来て、うるさくてしかたがない。』」それから、主は言われた。「この不正な裁判官の言いぐさを聞きなさい。まして神は、昼も夜も叫び求める選ばれた人たちのために裁きを行わずに、彼らをいつまでも放っておかれることがあろうか。」

（ルカによる福音書18章1～7節）

話の筋は単純です。やもめの訴えに全然取り合ってくれなかった「神を畏れず人を人とも思わない裁判官」が、けれどもこのやもめがあまりにもしつこいものだから、遂に根負けしてしまったという話です。

話の趣旨も明瞭です。「絶えず祈るべきであり、落胆してはならないことを教えるために」とあります。しかし、私たちは逆に落胆してしまうかもしれません。「祈りは聞かれない」ということを知っているからです。本気で祈ったことのある人なら、必ずそういう経験をしているはずです。あのやもめのように、何千回と祈りました。でも何も変わりません。まるで神さまに無視されているようです。そこで思うのです。神なんかいない。いたとしても、それは血も涙もない裁判官のような神でしかない。

本書の第18日のところで、ひと言「神さま」と呼べばよいのだと書きました。でも、そのひと言さえ言えなくなってしまうのです。主はもちろん、そのような私たちの弱さをご存じです。だからこそ、このようなたとえを語ってくださるのです。

神は不正な裁判官なのでしょうか。その神が根負けするまで頑張れと言うのでしょうか。絶対に違います。神は不正な裁判官ではありません。そのことを明らかにするためのたとえ話です。しかし、私たちの思い描く間違った神の像は案外、不正な裁判官に近いかもしれません。主イエスはそれを逆手に取って、この話をなさったのかもしれません。

「まして神は」と主は言われました。「神は、不正な裁判官とは違うよ。神は必ずあなたの祈りを聞いてくださるのだから、落胆しないで祈りなさい」と言われるのです。明らかに、主は私たちの信仰を求めておられます。祈りを待っておられるのです。だからこそ、主は最後にこのように言い添えられました。「しかし、人の子が来るとき、果たして地上に信仰を見いだすだろうか」(8節)。

「まして神は、昼も夜も叫び求める選ばれた人たちのために裁きを行わずに、彼らをいつまでも放っておかれることがあろうか」。私たちは祈るために、神に選ばれたのです。だから私たちは、誰が何と言おうと、神の正しい裁きが行われることを求め続けます。世界中の人が「神なんかいない」と言ったとしても、断固として「神よ、御心を行ってください」と祈り続けるのです。あのやもめのように。

神よ、御心を行ってください！
御心を祈り続ける勇気を、
私たちに与えてください！

21日

神に義とされる祈り

自分は正しい人間だとうぬぼれて、他人を見下している人々に対しても、イエスは次のたとえを話された。「二人の人が祈るために神殿に上った。一人はファリサイ派の人で、もう一人は徴税人だった。ファリサイ派の人は立って、心の中でこのように祈った。『神様、私はほかの人たちのように、奪い取る者、不正な者、姦淫《かんいん》する者でなく、また、この徴税人のような者でないことを感謝します。私は週に二度断食し、全収入の十分の一を献げています。』ところが、徴税人は遠くに立って、目を天に上げようともせず、胸を打ちながら言った。『神様、罪人の私を憐れんでください。』言っておくが、義とされて家に帰ったのは、この人であって、あのファリサイ派の人ではない。誰でも、高ぶる者は低くされ、へりくだる者は高められる。」

（ルカによる福音書18章9〜14節）

「このファリサイ派のように祈ってはいけない」と主は言われます。あまりにもわかり切った話にも思えます。いったい、何が問題なのでしょうか。

ファリサイ派の人は「心の中で」（11節）このように祈りました。決して誤訳などではありませんが、原文のニュアンスは興味深いものがあります。直訳すると「自分自身に向かって」という表現なのです。「黙祷した」という意味ではありません。「彼の祈りの相手は、自分自身であった」というのです。

私たちの祈りは、神を相手にするものです。人によってはお地蔵さまに手を合わせたり、ご先祖さまに向かって祈ることもあるでしょう。ところがこのファリサイ派の人は、「神よ、感謝します」と言いながら、実はなから神なんか眼中になく、自分自身に向かって祈ったというのです。ひとりで神殿に来て、ひとりで祈って、ひとりで家に帰って、ずっとひとりぼっちです。

しかし人間というのは弱い生き物で、本当の孤独には耐えることができません。だからこのファリサイ派の人は、周りの人と比較して自分の立派さを確かめようとするのです。「わたしはあの人とは違う、あいつらとも違う、ましてこの徴税人のような人間でもない」。聞くに堪えません。

私たちの祈りも、ファリサイ派と似たり寄ったりになっていないでしょうか。もし自分に自信があれば、「神よ、感謝します。私がこういうファリサイ派でないことを」。逆に自分に自信がなければ、「神よ、なぜ私はこんなにだめなんですか。あの人はあんなにいいものをもらっているのに」。自分自身の中でとぐろを巻いているだけで、ちっとも神に向かおうとはしません。

そんな私たちの横で、ひとりの徴税人が祈っています。自分自身にではなく、神に向かって祈ります。「神様、罪人の私を憐れんでください」。私は罪人ですから、だからあなたが必要なのです。私から離れないでください。

この人は「義とされて家に帰った」と主は言われます。「義とされる」とは、神との正しい関わり、愛の絆を結ばせていただくことです。神は、この徴税人と一緒に家に帰ってくださいました。

祈りとは、この神との愛の絆に立つことです。そのすばらしさを知った今は、もう二度と、自分に向かって祈ることはありません。

私もあなたの愛の中に立ちたいのです。
どうか、罪人の私を憐れんでください。

22日

信じます。信仰のない私をお助けください

人々はその子をイエスのところに連れて来た。霊は、イエスを見ると、すぐにその子に痙攣《けいれん》を起こさせた。その子は地面に倒れ、泡を吹きながら転げ回った。イエスは父親に、「いつからこうなったのか」とお尋ねになった。父親は言った。「幼い時からです。霊は息子を滅ぼそうとして、何度も息子を火の中や水の中に投げ込みました。もしできますなら、私どもを憐れんでお助けください。」イエスは言われた。「『もしできるなら』と言うのか。信じる者には何でもできる。」その子の父親はすぐに叫んだ。「信じます。信仰のない私をお助けください。」

（マルコによる福音書9章20〜24節）

祈りとは、神を信じることです。神を信じないで祈ることはできません。理屈から言えばそういうことになるでしょう。ところが、私たちが祈りの生活を実際に作ろうとした途端、ひとつの問題に直面します。私たちの祈りが深くなればなるほど、自分の不信仰を認めざるを得なくなるのです。

「何事も思い煩ってはなりません。どんな場合にも、感謝を込めて祈りと願いを献げ、求めているものを神に打ち明けなさい」（フィリピ４・６）。悩みが尽きないとき、このような御言葉にも励まされて祈ってみます。ところが真剣に祈れば祈るほど、実は自分の心が疑いに満ちている。そのことに気づかされます。

信じてもいない神に祈る。これほど悲惨な、究極の孤独があるでしょうか。

父親が、「ものを言わせず、耳も聞こえさせない霊」（25節）に取りつかれた息子を連れて来ました。「霊は、イエスを見ると、すぐにその子に痙攣を起こさせた。その子は地面に倒れ、泡を吹きながら転げ回った」。「霊は息子を滅ぼそうとして、何度も息子を火の中や水の中に投げ込みました」。しかもそれが「幼い時から」です。私もひとりの父親として、身を切られる思いです。この父親はずっと祈り続けていたと思うのです。神を信じられない究極の孤独の中で。

その父親の前に、神の御子が立っておられます。それで、父親は申しました。「もしできますなら、私どもを憐れんでお助けください」。私たちもよくこういう祈りをします。「もしできれば」。「御心なら」という言い回しを好む人もいるかもしれません。「もしできれば……いや、無理なら構いません。御心でないなら、しかたないですよね」。祈りが聞かれなかったときの保険でもかけているつもりでしょうか。主はその不信仰の言葉を取り上げてしまわれます。「『もしできるなら』と言うのか。信じる者には何でもできる」。

そうしたらこの父親は、他に言うことがなくなってしまいました。ただひと言叫びました。「信じます。信仰のない私をお助けください」。自分の側には、依然として不信仰しかないのです。絶望しかないのです。だからこそ、その自分の悲惨のすべてを、丸ごと主の中に置いてしまいました。「信じます。信仰のない私をお助けください」。こうして、この父親は究極の孤独から救われました。ここに、すべての人を慰める信仰の言葉が生まれたのです。

22日／マルコによる福音書9章20～24節

主よ、信仰のない私に
あなたが目を留めてくださるのですから、
私はあなたを信じます。
信仰のない私をお助けください！

23日

主イエスと共に目を覚まして

それから、イエスは弟子たちと一緒にゲッセマネという所に来て、「私が向こうへ行って祈っている間、ここに座っていなさい」と言われた。ペトロとゼベダイの子二人とを伴われたが、苦しみ悩み始められた。そして、彼らに言われた。「私は死ぬほど苦しい。ここを離れず、私と共に目を覚ましていなさい。」少し先に進んでうつ伏せになり、祈って言われた。「父よ、できることなら、この杯を私から過ぎ去らせてください。しかし、私の望むようにではなく、御心のままに。」それから、弟子たちのところへ戻って御覧になると、彼らは眠っていたので、ペトロに言われた。「あなたがたはこのように、一時《ひととき》も私と共に目を覚ましていられなかったのか。誘惑に陥らぬよう、目を覚まして祈っていなさい。心ははやっても、肉体は弱い。」

（マタイによる福音書26章36～41節）

信じられない情景です。神の御子が、「死ぬほど苦しい」と言われたのです。いったい何のために、主はここまで苦しまれたのでしょうか。

特にここで、マタイによる福音書が際立たせていることがあります。マタイが土台としたと考えられるマルコによる福音書には伝えられていない言葉がいくつかあるのです。それが右のページの三箇所の傍点部分です。「イエスは弟子たちと一緒に」。「私と共に」。既にマタイ福音書が1章23節で告げた〈インマヌエル〉の恵みが、ここにも鮮やかに現れています。「主は私たちと共に！」

祈りとは、主と共にいることです。しかし、何のために主は私たちと共にいてくださるのでしょうか。主は、共にいる私たちに何を求めておられるのでしょうか。「私と共に目を覚ましていなさい」。目覚めた思いで見つめるのです。私の罪のために苦しんでおられる神の御子を。このお方は、私たちが受けるべき苦しみのすべてを、たったひとりで背負っておられるのです。

ある人がこういうことを言いました。あなたが釣りをしているときに突然誰かが水の中に跳び込んで、「私はお前のために死ぬぞ」と言ったって、さっぱり意味がわからないだろう。しかし、あなたが溺れているときに誰かが水の中に跳び込んで来てくれたら、即座にすべてを理解するだろう。

主は、私のために跳び込んでくださいました。罪に溺れて死にかかっていた私のために、私のそばで、神の御子が息も絶え絶えに祈っておられるのです。「私の望むようにではなく、御心のままに」。父よ、どうかこの人たちを助けてください。御心なら、そのために私の命を使ってください。

ところが、弟子たちは眠ってしまいました。しかし、溺れそうになっている人が眠いからって眠るでしょうか。まして、私のために誰かが跳び込んでくれたというときに、すみません、今は眠いんで、などと言うでしょうか。主イエス・キリストが、いったい誰のために苦しんでおられるのか。そのことが本当によくわかったら、眠るはずもないのです。要するに他人事だったのです。

今は、私たちもわかりました。主の苦しみのすべては、私の救いのためだったのです。このお方の祈りの姿を目覚めた思いで見つめるとき、当然私たちにも、新しい祈りが生まれてくるでしょう。

主よ、あなたの苦しみの理由を知った今は、
もう決して、あなたから離れたくありません。

24日

神さま、私を見捨てないでください

三時にイエスは大声で叫ばれた。「エロイ、エロイ、レマ、サバクタニ。」これは、「わが神、わが神、なぜ私をお見捨てになったのですか」という意味である。

（マルコによる福音書15章34節）

私が駆け出しの牧師であったころ、たいへん厳しい闘病生活をしていた教会の仲間がいました。あるときからは脳にも障害が出始めて、そのとき家族を困らせたのは、「私は地獄に落ちる」と言うようになったことでした。それはつまり、「私は神に見捨てられて死ぬのだ」ということでしょう。最後まで信仰を全うなさった方が、一時期とはいえ、そういう発言を続けたのです。

同居していたお嬢さんがたまりかねて私に言いました。「地獄に行く、地獄に行くって母がうるさいから、何とか言ってください」。そこで私はその方のお宅を訪ねて言いました。「地獄に行ったっていいじゃないですか。そこにもイエスさまはおられますよ」。それを聞いたお嬢さんも喜んで、「ほーら、先生も言ってるでしょ？　地獄に落ちてもイエスさまがいるから大丈夫だって！　わかった？」

「私は地獄に行く」と言い続けた、その方のつらさを思うと胸がつぶれそうになります。地上で既に地獄を味わっておられたのかもしれません。けれども主が十字架の上で「わが神、わが神、なぜ私をお見捨てになったのですか」と叫ばれたのは、この方のためでもあったのだと思うのです。

カルヴァンという人が、使徒信条の「陰府にくだり」という言葉についてこう書いています。キリストは地獄に落ちたのだ。ここで言う地獄とは、死んでから行く場所ではない。「エロイ、エロイ、レマ、サバクタニ」。これが、地獄だ。

この主イエスの叫びは、多くの人の心に波紋を呼びました。どう見ても、私たちが期待するような救い主のかっこいい死に方ではないからです。預言者イザヤが「彼には見るべき麗しさも輝きもなく／望ましい容姿もない」（イザヤ53・2）と言ったのは、きっとこのような主イエスのことを預言していたのでしょう。そこでカルヴァンは言うのです。「キリストは、神に捨てられる地獄の絶望をなめ尽くされたのだ」。そこで私たちは知ります。この主の絶望の深さを知るとき、私たちは絶望せずにすむ。どんなに深い絶望の中に落ち込んだと思っても、そこに主がいてくださる。

最初に紹介した方の葬儀を行った翌年、お嬢さんが洗礼を受けられました。洗礼に先立つ面接の席でこういうことを言われました。「なぜ母があれほど苦しまなければならなかったか、今でも理解できません。でも母は、死にたいとか地獄に行くとか言いながら、それでも祈っていました」。そうであるに違いないと、私も思いました。「神さま、私は地獄に落ちるんですか。見捨てないでください」。その祈りは、主が一緒に祈ってくださった祈りだったのです。

24日／マルコによる福音書15章34節

主の十字架を仰ぎつつ、
私も今、安んじて叫ぶことができます。
私を見捨てないでください。
あなたは、私の神です。

25日

主イエスの墓の前で

マリアは墓の外に立って泣いていた。泣きながら身をかがめて墓の中をのぞくと、……天使たちが、「女よ、なぜ泣いているのか」と言うと、マリアは言った。「誰かが私の主を取り去りました。どこに置いたのか、分かりません。」こう言って後ろを振り向くと、イエスの立っておられるのが見えた。しかし、それがイエスだとは分からなかった。イエスは言われた。「女よ、なぜ泣いているのか。誰を捜しているのか。」マリアは、園《その》の番人だと思って言った。「あなたがあの方を運び去ったのでしたら、どこに置いたのか、どうぞ、おっしゃってください。私が、あの方を引き取ります。」イエスが、「マリア」と言われると、彼女は振り向いて、ヘブライ語で、「ラボニ」と言った。「先生」という意味である。

（ヨハネによる福音書20章11〜16節）

主イエスの墓の前で、マグダラのマリアは泣き続けていました。主イエスを愛するがゆえの涙です。そのマリアの愛がどんなに深くても、それは絶望の涙でしかありませんでした。「泣きながら身をかがめて墓の中をのぞくと」とあります。そのまま真っ暗な墓の中に吸い込まれて行きそうです。誰もが似た経験を持っているのです。

ところがその墓の中から、天使の声が聞こえます。「女よ、なぜ泣いているのか」。後ろからも主が声をかけてくださいます。「女よ、なぜ泣いているのか。誰を捜しているのか」。前からも後ろからも「なぜ泣いているのか」と言われます。もう泣く理由はありません。なぜなら、そこに主イエスが立っておられるからです。

聖書から祈りを学び続けています。その際どうしても省略できないことは、〈復活の主の御前で生まれる祈り〉です。しかしその観点から言えば、この聖書の箇所はあまり適当でないと思われるかもしれません。一見、祈りらしい祈りが見当たらないからです。

「誰かが私の主を取り去りました。どこに置いたのか、分かりません」。「あなたがあの方を運び去ったのでしたら、どこに置いたのか、どうぞ、おっしゃってください。私が、あの方を引き取ります」。前からは天使が、後ろからは主イエスが声をかけても、マリアは聞く耳を持ちません。ひたすらに自分の涙の世界に引きこもろうとします。そのマリアの不信仰を、誰も責めようとは思わないのです。すべての信仰者が、こういう不信仰な、また絶望的な祈りを知っているからです。「イエスさま、どこにもいないじゃないですか」。その祈りを、お甦《よみがえ》りのキリストの前でするることが大事です。

マリアの不信仰と絶望がどんなに深くても、主はマリアの後ろに立って、そして声をかけてくださいます。その事実に揺らぐところはひとつもありません。そこに新しい祈りが生まれました。「イエスが、『マリア』と言われると、彼女は振り向いて、ヘブライ語で、『ラボニ』と言った。『先生』という意味である」。

ひとつ不思議なことがあります。誰に何を言われてもわからなかったマリアが、なぜ主イエスだと気づいたのでしょうか。どこでわかったのでしょうか。福音書はその点、理屈っぽい議論をしません。ただ、主がマリアの名を呼んでくださったことだけを伝えます。名を呼ばれたら、マリアはすぐにわかったのです。「羊はその声を聞き分ける。羊飼いは自分の羊の名を呼んで連れ出す」（ヨハネ10・3）。「私は良い羊飼いである」（同11節）。

主イエスの墓の前で泣き続けたマリア。しかしその涙が、羊飼いを失った羊の涙であるならば、既にその涙は慰められています。振り返ると、そこにまことの羊飼いが立っていてくださるからです。そこに真実の祈り、死に勝つ祈りが生まれるのです。

羊飼いイエスよ、私はあなたの羊です。
私があなたを見失っても、
あなたはいつも、私と共におられます。
イエスさま、大好きです。

26日

敵のための祈り

「あなたがたも聞いているとおり、『隣人を愛し、敵を憎め』と言われている。しかし、私は言っておく。敵を愛し、迫害する者のために祈りなさい。」

（マタイによる福音書5章43〜44節）

26日／マタイによる福音書5章43〜44節

聖書の中で最も有名な言葉のひとつです。しかし、これが祈りの教えであることはあまり知られていないかもしれません。「敵を愛し、迫害する者のために祈りなさい」。愛とひとつになるような祈りを、主イエスはお求めになります。

皆さんにも決まった祈りの時間、また習慣があるでしょう。朝起きたら祈る。夜寝る前に祈る。そのたびに、自分をいじめる人、自分の大事な人を悪く言う人、顔も見たくない人の顔と名前を思い起こして祈るのです。こういう祈りをするために、「祈るときには密室に入れ」と主は言われたのでしょうか（マタイ6・6）。「神さま、無理です。あの人を愛するなんて」。そんな祈りしかできないかもしれません。そういう祈りをするだけで、私たちの心はきりきりと痛むでしょう。いちばんつらいことなのです。敵のために祈るということは。

愛するよりも、祈る方がずっと難しい。私はそう思います。愛するのは人間が相手ですから、いくらでもごまかすことができます。愛するそぶりを見せながら、笑顔の裏で舌を出すようなことを、私たちは実際にしているのです。それが真実の愛の名に値するか、ひとまずここでは問題にしません。問題は、私たちが真実の祈りをすることができるかということです。祈りは神を相手にすることですから、ごまかしやはったりが効きません。だから、私たちは敵のために祈れないのです。あいつのことを考えるだけで、神の前で途方に暮れるのです。いったい、どうしたらよいのでしょうか。

私たちは、いかなる神の前に立つのでしょうか。私たちにごまかしを許さない神とは、いかなるお方なのでしょうか。

「その時、イエスは言われた。『父よ、彼らをお赦しください。自分が何をしているのか分からないのです』」（ルカ23・34）

主イエスご自身が十字架の上で、敵を愛し、敵のために祈っておられます。神の敵、それは私自身のことでしかなかったのです。途方に暮れつつ、私たちも敵のために祈らないわけにはいかないではありませんか。

最初の殉教者ステファノが石に打たれて殺されたとき、ひとりステファノだけは天を仰ぎ、十字架と復活の主を眼前に見ていました。そこに祈りが生まれました。「主よ、この罪を彼らに負わせないでください」（使徒言行録7・60）。主の十字架の前に立ちさえすれば、きっと私たちも同じように祈ることができるでしょう。そこで初めて、本物の愛に生きることもできるようになるのです。

主イエスよ、私にはまだ
赦すことができない人がいます。
あなたの十字架の前で、
その人のために祈らせてください。

27日

堂々と御言葉を語れるようにしてください

「主よ、今こそ彼らの脅しに目を留め、あなたの僕たちが、堂々と御言葉を語れるようにしてください。」

（使徒言行録4章29節）

キリストの教会が最初の歩みを始めたとき、けれどもすぐに直面したことは、権力者による迫害でした。ここでもふたりの使徒、ペトロとヨハネが捕らえられ、「二度とイエスの話をするな」と脅迫されたのです。

「主よ、今こそ彼らの脅しに目を留め……」。私たちもこのような「脅し」を、大小さまざまな形で経験しています。「宗教って怖いよね」という何気ない友人のひと言が、長く、重く、心にのしかかることもあるでしょう。まして権力者の脅しというのは、人の命を左右する力さえ持ちます。ペトロとヨハネといえども、怖くなかったはずはありません。

けれども、彼らには帰るべき家がありました。「さて二人は、釈放されると仲間のところへ行き、祭司長たちや長老たちの言ったことを残らず報告した」（23節）。「仲間」とは直訳すると「自分のもの」です。したがって「家族」という意味を持つこともあります。教会に生きるとは、新しい神の家族を得ることです。そのような意味での〈わが家〉に帰り、ペトロもヨハネも思わず涙がこぼれたかもしれません。泣きながら、笑いながら、教会の仲間たちと抱き合うようにして、自分たちの経験した「彼らの脅し」のことを報告したでしょう。

そこに生まれた〈教会の祈り〉です。何を祈ったのでしょうか。教会の仲間たちと共に泣き、共に笑いながら、どのような祈りをしたのでしょうか。

「主よ、今こそ彼らの脅しに目を留め、あなたの僕たちが、堂々と御言葉を語れるようにしてください」。仲間うちで傷のなめ合いをしたのではありません。権力者の脅しをはね返すような、もっと大きな地上の権力を求めたのでもありません。私たちの教会の持つ力もまことに小さなものです。けれども教会には〈御言葉〉が与えられていますから、その祈りもまた、「あなたの僕たちが、堂々と御言葉を語れるようにしてください」ということに尽きるのです。

二千年間、キリストの教会はさまざまな危機を経験してきました。皆さんの生きるそれぞれの教会にも、きっとそれなりの歴史があり、また危機があったことでしょう。しかし、神が教会に与えてくださる祈りは、いつもひとつの祈りに集中していくものだと思います。「あなたの僕たちが、堂々と御言葉を語れるようにしてください」。それさえできれば、教会は立つことができるのです。

27日／使徒言行録4章29節

主よ、彼らの脅しに目を留めてください。
教会のために、愛する説教者のために祈ります。
堂々と御言葉を語れるようにしてください。

28日

いつも喜び、絶えず祈り、どんなことにも感謝して

いつも喜んでいなさい。
絶えず祈りなさい。
どんなことにも感謝しなさい。
これこそ、キリスト・イエスにおいて
神があなたがたに望んでおられることです。
霊の火を消してはいけません。
預言を軽んじてはいけません。

（テサロニケの信徒への手紙一5章16～20節）

多くの人に愛誦《あいしょう》される聖書の言葉です。しかし、なぜこのような言葉が愛されるのでしょうか。冷静に考えると、結構きつい言葉かもしれません。私たちの生活は、いつも喜んでばかりいられるものではないからです。感謝すべきこともいろいろあるのかもしれませんが、そうでないことの方がずっと多いのです。そのとき、私たちの祈りもまた絶えるのです。

それでも多くの人がこの言葉を愛するのは、意識するとしないとにかかわらず、その背後に神の愛を自然と読み取っているからだと思います。「これこそ、キリスト・イエスにおいて／神があなたがたに望んでおられることです」。私たちを愛してやまない神の願いです。「あなたには、いつも喜んでいてほしい。あなたの悲しむ顔を、私は見たくないんだ」。「だから、祈りなさい」。この神の思いを知らなかったら、むしろ非常に過酷な戒めにしかならないでしょう。

ある教会の仲間の葬りに際して、「悲しむ人々は、幸いである／その人たちは慰められる」（マタイ5・4）という主イエスの言葉を読みました。牧師としては情けないことですが、どうも涙をこらえることができず、聖書朗読にやけに時間がかかりました。

そのとき私はこういう話をしました。「慰められる」と翻訳されている言葉のいちばん基本的な意味は「そばに呼ばれる」です。「幸いなるかな、悲しむ人。私はあなたをそばに呼ぶ」。主はそう言われるのです。涙を十分に流すことがグリーフワークの大切なプロセスだ、という話ではありません。ひとりで悲しみを乗り越えるなんてことは、聖書の想定外です。「悲しむ人よ、私のそばにおいで」。「あなたには、いつも喜んでいてほしいんだ」。そのような主の呼びかけが聞こえるとき、そこに根源的な喜びと、祈りと、感謝の生活が造られます。

まさにそのために、19節以下の言葉が続くのです。「霊の火を消してはいけません。／預言を軽んじてはいけません」。火のように燃える神の霊が、「いつも喜んでいなさい」「私のそばに来なさい」と、私の魂に語りかけてくださいます。それが「預言」です。私たちの使い慣れた言い方で言えば、〈礼拝説教〉です。

「喜べ、祈れ、感謝せよ」と、自分で自分に言い聞かせることはできません。私たちをみそばに呼んでくださる慰めの声は、〈私の外から〉与えられます。だから私たちの喜びも祈りも感謝も、外から、つまり神から与えられるのです。

28日／テサロニケの信徒への手紙一5章16〜20節

私をそばに呼んでくださる
あなたの声に慰められて、
私の心は、
喜びと、祈りと、感謝に満たされています。

29日

教会による執り成し

あなたがたの中に苦しんでいる人があれば、祈りなさい。喜んでいる人があれば、賛美の歌を歌いなさい。あなたがたの中に病気の人があれば、教会の長老たちを招き、主の名によってオリーブ油を塗り、祈ってもらいなさい。信仰による祈りは、弱っている人を救い、主はその人を起き上がらせてくださいます。その人が罪を犯しているのであれば、主は赦してくださいます。それゆえ、癒やされるように、互いに罪を告白し、互いのために祈りなさい。正しい人の執り成しは、大いに力があり、効果があります。

（ヤコブの手紙5章13～16節）

ヤコブの手紙の著者がどういう人であったのか、学者たちは皆よくわからないと言います。けれどもひとつ確かなことは、ヤコブが教会の牧師であったということです。教会生活をするということは、たいへん具体的なことです。ヤコブは、自分にゆだねられている教会の仲間たちのこと、ひとりひとりの具体的な生活のことを思いながら、心を込めてこの手紙を書いたと思います。

苦しんでいる仲間のためには「祈りなさい」と言います。苦しみのとき、私たちは簡単に祈りを忘れます。祈ったって聞かれるわけがないと頑《かたく》なに思い込みます。それなら、喜びのとき、私たちは熱心に祈るでしょうか。むしろ有頂天になるあまり、神になんか頼らなくても自分は大丈夫だとうそぶきます。そんな私たちのために、「賛美の歌を歌いなさい」とヤコブは言うのです。

ここでヤコブが見つめているのは、人間の根本的な孤独だと思います。苦しむときも喜ぶときも、ずっとひとりぼっちです。そのような人間の悲惨を、ヤコブという教会の教師はよく知っていました。だから、こう勧めるのです。「苦しむとき、喜ぶとき、あなたは決してひとりではない。祈りなさい。神の前に立ち続けなさい」。

特にヤコブが心にかけているのは、病気の仲間です。病気は誰も代わってくれません。

自分だけの苦しみです。だから、病気のとき以上に孤独になることはほとんどないのです。そのときこそ教会の長老たちを呼びなさいと言います。この場合の「長老」とは教会の役員、あるいは牧師と理解してもよいでしょう。

興味深いことに、「長老たちよ、病人を見舞いなさい」とは言わないのです。「病気の人よ、教会の長老を呼んで祈ってもらいなさい」。病むとき、苦しむとき、私たちはますます他者に頼るようになるかというと、案外そうでもありません。むしろ苦しみをひとりで抱え込み、その結果、「祈らない」といういちばん致命的な罪を犯します。そのような罪こそ、悔い改めて赦していただかなければなりません。だからこそヤコブは、「その人が罪を犯しているのであれば、主は赦してくださいます」と言い添えたのでしょう。私が〈祈る者〉として立ち直るために、そのためにも教会の仲間の助けが必要なのです。

教会でこそ私たちは知ります。「私はひとりではない」。苦しみのあまり祈れなくても、教会の仲間が代わりに祈ってくれます。「正しい人の執り成しは、大いに力があり、効果があります」。私たちの祈りにも、それだけの力があるのです。身に余る言葉ですが、主はまさしくそのために教会をお建てになったのです。

29日／ヤコブの手紙5章13〜16節

苦しみのとき、喜びのとき、病気のとき、
すぐに祈りを忘れる私の手を取って、
祈りに導いてくれる教会の仲間がいます。
教会の主よ、感謝します。

30日

思い煩いは神にお任せして

皆互いに謙遜を身に着けなさい。

「神は、高ぶる者を退け
へりくだる者に恵みをお与えになる」

からです。

ですから、神の力強い御手の下《もと》でへりくだりなさい。そうすれば、しかるべき時に神はあなたがたを高くしてくださいます。一切の思い煩いを神にお任せしなさい。神が、あなたがたのことを心にかけていてくださるからです。


（ペトロの手紙一5章5～7節）

「明日のことを思い煩ってはならない」（マタイ6・34）。主イエスの一番弟子ペトロは、この言葉を最前列で聞いたと思います。「空の鳥を見なさい。野の花を見なさい」。衝撃的な思いで、これらの言葉を心に刻んだことでしょう。そのペトロが、教会の仲間たちのために書くのです。「一切の思い煩いを神にお任せしなさい」。

「自分の命のことで思い煩うな」（マタイ6・25）と主は言われました。とんでもない言葉です。いちばん大事な自分の命だからこそ、私たちは思い煩うのです。しかし主は言われます。「あなたの命のことは、あなたが心配することではない」。その言葉をなぞるようにペトロは書きます。「一切の思い煩いを神にお任せしなさい。神が、あなたがたのことを心にかけていてくださるからです」。

ペトロには苦い思い出がありました。主イエスが死刑の判決を受けられたとき、「ナザレのイエス？　俺、関係ないよ」と、三度までもしらを切り通したのです。「神の愛なんてうそだ。自分の命は自分で守る」。ペトロ自身が、自分の命のことで思い煩ったのです。そんなペトロを、主は振り向いて見つめられました（ルカ22・54〜62）。「ペトロよ、神があなたのことを心にかけていてくださるのだ」。

このキリストのまなざしに気づいたとき、ペトロは男泣きに泣きました。そのペトロが

「謙遜を身に着けなさい」と書いたのは、いわゆる〈謙譲の美徳〉とは何の関係もありません。謙遜するまでもなく、私たちは事実小さいのです。弱いのです。罪深いのです。けれどもペトロは、その罪深い自分が、神に愛されていることを知りました。そこで初めて真実の謙遜を知りました。

そのペトロが書くのです。「神の力強い御手の下でへりくだりなさい」。私たちの立つべき場所、それは神の力強い御手の下です。その場所に立って初めて、私たちも「自分の命のことで思い煩う」のをやめることができます。

思い煩わないとは、人生に対して無責任になることではありません。悩みなんか忘れてしまえ、という話ではないのです。「一切の思い煩いを神にお任せしなさい」。直訳すると「神に投げなさい」という言葉です。思い煩いを放り出すのと、神に投げつけるのとでは、全然違います。神は私たちの祈りを待っておられます。「思い煩いは、私に投げつけなさい」と。そうであるなら、ひとりで思い煩いを抱え込むことこそ、最大の高ぶりであると言わなければなりません。

主よ、心配事に押しつぶされそうです。
しかし、あなたが私のことを
心にかけていてくださるのですから、
私はあなたの御手の下に立ちます。

31日

主イエスよ、来てください

「私イエスが天使を送り、諸教会についてこれらのことをあなたがたに証しした。私は、ダビデのひこばえ、その子孫、輝く明けの明星である。」霊と花嫁が共に言う。「来《きた》りませ。」これを聞く者も言うがよい。「来りませ。」渇いている者は来るがよい。命の水が欲しい者は、価なしに飲むがよい。

……

これらのことを証しする方が言われる。「然《しか》り、私はすぐに来る。」アーメン、主イエスよ、来りませ。

（ヨハネの黙示録22章16～20節）

31日／ヨハネの黙示録22章16〜20節

「私は、輝く明けの明星である」。聖書の中で最も慕わしい言葉のひとつです。新しい朝の訪れを告げる暁の星は、暗い夜空に静かに、最後まで輝き続けます。私たちのためにも同じ望みの星が輝いています。それが御子イエスです。

「明けの明星」。逆に言えば、まだ夜なのです。ヨハネは、パトモスという小島で神から幻を見せていただきました。迫害に追われて亡命していたのか、あるいは島流しか。いずれにしてもここでヨハネは、世の闇の真相を教えられました。それを黙示録は「獣の支配」とまで呼びます（13章など）。それは当時の文脈で言えば、ローマ帝国の支配のことでしょう。しかしここで多くのことを語る必要もありません。「獣の支配」は、決して昔話ではないのです。

その闇の中で、けれどもふと夜空を見上げると、望みの星が輝いています。「私は、輝く明けの明星である」。そのお方が言われるのです。「然り、私はすぐに来る」。それに答える教会の祈りです。「霊と花嫁が共に言う。『来りませ』」。

「花嫁」とは私たちのことです。小羊キリストの最愛の花嫁、すなわち教会のことです。私たち花嫁は、どんなに深い闇の中に立つことがあっても、大きな特権を与えられています。「来てください」と花婿に呼びかけることができるのです。そのことを思うだけで、私は胸がドキドキします。

もしも仮に、あり得ないことですが、この花嫁が実は花婿に愛されていなかったとしたら……。「来りませ」と言ったって、こんなにむなしい言葉はありません。けれども事実、花婿キリストは世界でいちばん花嫁のことを愛していますから、「然り、私はすぐに来る」と答えてくださるのです。

「主イエスよ、来てください」。この祈りをするたびに、花嫁たる教会は、花婿の愛を確かめることができます。たとえ死の陰の谷を歩むとも！（詩編23・4）すべての人がこの祈りに招かれています。「これを聞く者も言うがよい。『来りませ』。渇いている者は来るがよい。命の水が欲しい者は、価なしに飲むがよい」。

このような神からの幻を見終わったとき、ヨハネはなお変わらず、深い闇の中に閉ざされていました。けれども、ヨハネが見せていただいた輝く明けの明星は、今に至るまで、ますます明るく輝き続けているのです。その望みの星を仰ぎつつ、私たちも祈ります。

「アーメン、主イエスよ、来りませ！」

31日／ヨハネの黙示録22章16〜20節

花婿イエスよ、私はあなたの花嫁です。
たとえ死の陰の谷を歩むとも、
私はあなたの名を呼びます。
主イエスよ、来てください。

おわりに

川崎公平

「主よ、祈りを教えてください」。本書の副タイトルは、弟子たちが〈主の祈り〉を教えていただいたときに口にした願いです。それはまた、すべての人の願いでもありました。

あるとき、ふと気づいたことがあります。私のいる鎌倉雪ノ下教会では毎週の礼拝をYouTubeで配信しているのですが、説教題に「祈り」という言葉が含まれると、それだけで再生回数が上がるようです。本当は、信仰のあるなしにかかわらず、すべての人が「祈りたい」という根源的な願いを持っているのです。ところが問題は、私たちはどう祈るべきかを知らないということなのです。

「主よ、祈りを教えてください」。それは結局、〈聖書から祈りを学ぶ〉ということになるでしょう。神ご自身が私たちの祈りを待っていてくださるのです。その神の思いを知るために聖書を読みます。それに応える祈りも、聖書から教えていただくのです。

旧約から16日分、新約から15日分の聖書の言葉を選び、これをふたりの著者が短く説き明かしました。しかし私どもの願いは、皆さんがますます豊かな聖書の世界に触れ、新しい祈りに導かれることです。聖書の豊かさを思えば、31で足りるはずがありません。

「はじめに」でも大島先生が書いてくださったことですが（6頁）、各項目の最後の祈りを大きな字で印刷したのには、ひとつの願いが込められています。心身疲れ果てたとき、ことに病気になったとき、長い文章を読む力がないとき、この最後の祈りだけでも口にしていただければ。個人的なことで恐縮ですが、本書が刊行される前に、重篤ながんを患った方が本書の原稿の最初の読者になってくださいました。先月、鎌倉雪ノ下教会の責任で葬儀を行いました。いつか天国でゆっくり感想をお聞きできたらいいな、などと思っています。

日本キリスト教団出版局の方たちが丁寧に原稿を検討してくださり、また改善提案をしてくださいました。とりわけ土肥研一さんの情熱を込めた働きには、私の方が多くを教えられました。そのようにして、この書物を皆さんの手にお届けし、何よりも主イエス・キリストの父なる神にお献げできることを、心より感謝しています。

二〇二三年六月

大島《おおしま》　力《ちから》

1953 年生まれ。東北大学文学部史学科卒、東京神学大学大学院博士課程後期修了。
日本基督教団石神井教会牧師を経て、青山学院大学宗教主任。現在、青山学院大学名誉教授、博士（神学）。
著書：『聖書は何を語るか』『聖書の中の祈り』『預言者の信仰』『VTJ 旧約聖書注解　イザヤ書 1 ～ 12 章』（以上、日本キリスト教団出版局）、『自由と解放のメッセージ　出エジプト記とイザヤ書から』（教文館）等。

川﨑公平《かわさきこうへい》

1974 年生まれ。東京神学大学大学院博士課程前期修了。
日本基督教団松本東教会伝道師・牧師を経て、2010 年 4 月より鎌倉雪ノ下教会牧師。

聖書の祈り 31　主よ、祈りを教えてください

2023年 8月25日　初版発行
2023年12月25日　再版発行

著　者　　大島力、川﨑公平

発　行　　日本キリスト教団出版局
〒169-0051
東京都新宿区西早稲田 2-3-18
電話・営業 03(3204)0422
編集 03(3204)0424
https://bp-uccj.jp/

印刷・製本　ディグ

ISBN978-4-8184-1141-8　C0016　日キ販
Printed in Japan